Este libro pertenece a

. . . .

Note

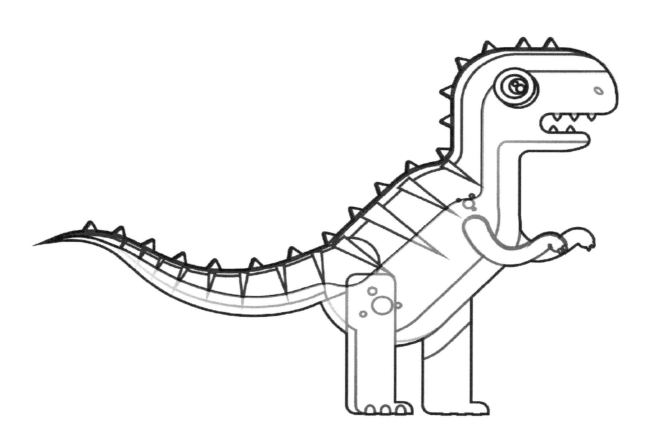

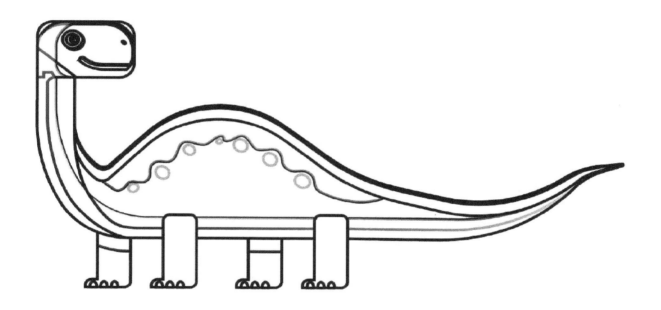

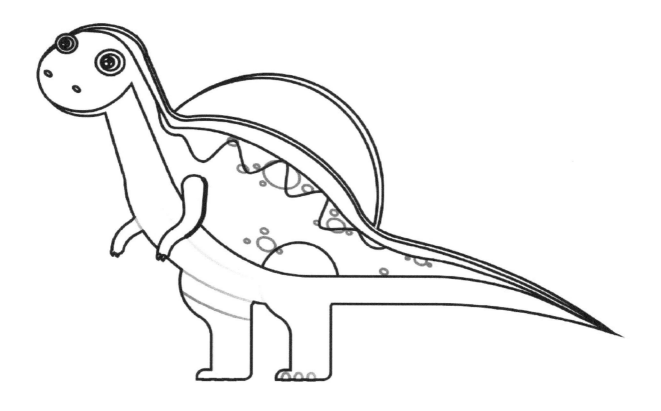

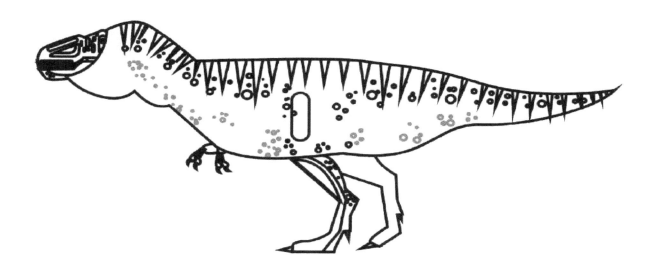

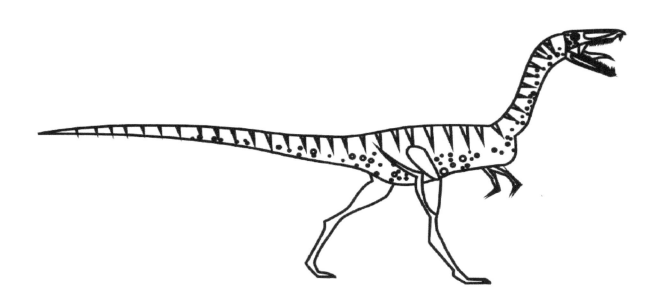

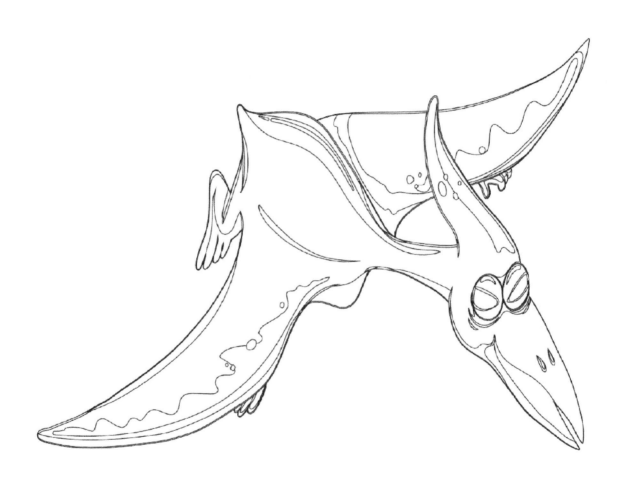

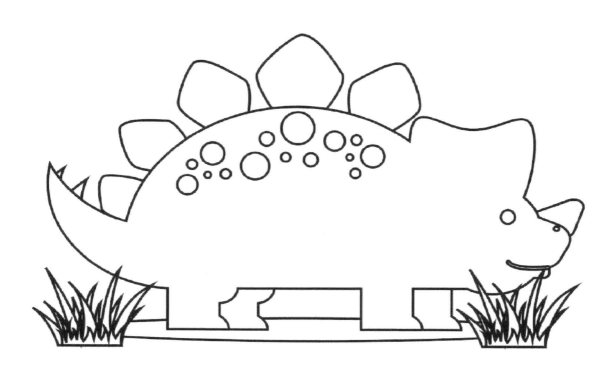

Magical colorings

6 + 3 = ☐ yellow   1 + 2 = ☐ blue

2 + 5 = ☐ green   1 + 4 = ☐ orange

3 + 5 = ☐ red   2 + 2 = ☐ pink

Note

Magical colorings

$6 + 3 =$ ☐ yellow $1 + 2 =$ ☐ blue

$2 + 5 =$ ☐ green $1 + 4 =$ ☐ orange

$3 + 5 =$ ☐ red $2 + 2 =$ ☐ pink

Note

Magical colorings

6 + 3 = ☐ yellow

2 + 5 = ☐ green

3 + 5 = ☐ red

1 + 2 = ☐ blue

1 + 4 = ☐ orange

2 + 2 = ☐ pink

Note

Magical colorings

6 + 3 = [ ] yellow   1 + 2 = [ ] blue

2 + 5 = [ ] green   1 + 4 = [ ] orange

3 + 5 = [ ] red   2 + 2 = [ ] pink

Note

Magical colorings

6 + 3 = ☐ yellow   1 + 2 = ☐ blue

2 + 5 = ☐ green   1 + 4 = ☐ orange

3 + 5 = ☐ red   2 + 2 = ☐ pink

Note

CPSIA information can be obtained
at www.ICGtesting.com
Printed in the USA
LVHW061749170621
690356LV00017BA/2036